JN437142

이슬촌

윤혜진 시집

이슬촌

윤혜진 시집

도서출판 두손컴

| 시인의 말 |

살아가는 것이 하나의 나의 벽화다
잡히지 않는 바람을 그리고
떠가는 구름을 그리고
탁한 공기를 지우고
애기눈물 같은 이슬을 머금고
가끔 총명하게 일어서는
은유를 그린다.
詩를 찾아 나섰다.
산 들 바다 강 하늘,
구석구석 시는 푸릇푸릇 자라고 있었다.
한 움 한 움 틔어 올린 어린 싹이
세상을 향해 작은 여행을 떠난다.
못다 여민 어떤 상념 속에서
싱그러운 오월의 풀잎을 바라본다.

2011년 5월

윤 혜 진

| 차례 |

제 1 부
노랗게 물이 든 밤 공기

제 2 부

골목길

| 차례 |

제 3 부
옥상 위에 항아리

제 4 부

그녀는 休가 좋다

제 5 부
봄 시계

제 1 부

노랗게 물이 든 밤 공기

노랗게 물이 든 밤 공기

한입 가득 상큼하게 안아주는
요정 같은 비밀
가슴에 은근히 새콤하다
압구정동 누비고 다니는 오렌지족
롯데리아 골목 누비고 다니던 밀감족
노랑머리가 노랑 물에서
밤의 유혹 속에서 노란 위험으로 출렁거린다
퇴근 시간이면 변신하는 요술쟁이들
탱탱하고 앙증맞다
구석마다 푸짐하게 내려앉은
어둠을 물고
자투리 시간을 별빛에 매달고
늦은 숙취를 헹군다
알알이 익은 노란 밀감이
까만 비닐 속에서 밤새워
새콤한 이야기를 도란거린다

어둑어둑한 밤 공기도
노랗게 물이 든다

저문 강 1

검푸른 눈빛으로
가슴에 안은 상념은
조각난 언어를 줍는다
아무리 마셔도 목이 타는 일상
서럽게 달려온 시간들이
4막 5장으로 강 위에 흐른다
훈훈한 바람이
겨드랑이에 일고
물여물에 걸어 다니는
외로움은
저문 강어귀에서

저물어도 저물지 않는
강은
저무는 하루를 본다

저문 강 2

그리움이 내게 손을 내밀었어요
나는 아무 대답도 못 주었지요
그리움이 내 손을 붙들었어요

내 손은 그리움 속에서
물이랑에 비취는
하얀 달빛이었어요

달빛은 먼 길을 나와 떠나자고
했지요
모래톱이 있는 강기슭에
모래집을 지어
그리움과 달빛이
같이 살재요

국도

용서할만하게 못난 그녀
용서할만한 작은 차를 타고
게으른 국도를
용서할만한 속도로
질주하고 있다

그 찬란하던 질주
어디로 가고
기죽은 뒷방 시어미처럼
늙은 노후를
조용히 달리고 있다

푸르게 서 있던 가로수
바쁘지 않은 시간을
달리고 있다

고속도로에 밀려난 국도
케이티 엑스에 밀려난
새마을호처럼
여유로운 시간을
달리고 있다

가을을 탄다

낮은 짧고 밤이 길어지는 시간 속에서
아득한 버스를 타고 아득한 길을 나선다
하루쯤 털고 돌아와야 할
때 묻은 궁상들
외로움 같은 귀뚜라미들이
소슬바람에 가을을 탄다
고독 우울함 따위는 이제 던져버리고 싶다
난 널 잘 모른다고
세월의 갈무리하기도 바쁘다고
노랑 가랑잎이 고개를 살랑거린다
가을이 되면 집 나가고 싶다고
생고생이라도 좋으니
가을에 얹혀 동행하고 싶다
입성을 벗어던지는 소리가
이따금
단풍 속에 들린다

걸음새

걸음이 시간을 따라간다
시간이 숭숭 빠져나간 자리
남은 시간이
레모나처럼 새콤하다
차비도 떨어진 막차다
빈들빈들 낮 시간을
게을리 걸어간
거스름이다
무작정 걷는다
걸어도 길이 줄지 않는다
반평생이 낡은
외투가 걸어가고 있다
버쩍 마른 골목을
가난처럼 둘러쓴
저 남루
횡단보도를 쓸고 간다
천연기념물 같은
멀쩡한 저
걸음새

보이지 않는 지팡이

할머니는 아침 아홉 시면 출근을 한다
느린 걸음걸이에 작은가방 하나 어깨에 메고
지팡이를 손자처럼 앞세우고
꼬불꼬불 건강센터를 찾는다
안마기에 몸을 기대고
느긋한 호사를 한다
저승 간 영감보다 낫고
못난 자식보다 낫고 잘난 손자보다 낫고
아무도 몰라주는 혼자의 행복
오전이 저문다
한 숨 한 숨 쉬어가며 오르는 비탈길
살아온 길만큼이나 땀이 흥건하다
여름 가을 지나 찬바람 타고 날아온 이야기
소문 없이 초상났다고 경비실에 떠도는 이야기
그것이 궁금하다 그것이 궁금하다
들길 억새풀이 서걱서걱
노인정 할미들이 수런수런
지난 봄 쉬어가던 그 자리
지팡이는 보이지 않고
낯선 바람만
사라진 지팡이를 따라간다

리모델링

네모난 얼굴이
네모난 문으로 들어가
네모로 앉는다

네모난 그는
원으로 만들어진 그의 방에
들어가
궁합이 맞지 않는다고
궁합을 맞추러 간다

네모난 얼굴
네모난 간판
네모난 마음
네모난 모서리
네모난 세상을

리모델링 중이다

환승

어떤 부름 같은 명령을 따라
그곳에 가기 위해서는 환승을 한다
덕천 고개를 넘어
바쁜 시간을 담고 가는 도시철도는
오래된 친구 같다

뱅뱅 도는 달팽이 같은
또 다른 나를 환승시킨다
남포동으로 가고 괴정으로 가고
영도 갯바람을 따라간다

삶이 가다가 게으름을 피울 땐
이 집에서 저 집
저 동네서 이 동네
이삿짐 싸들고 환승을 한다

닫힌 문을 열고
막힌 길을 유연하게 풀고
세상을 향하는 환승
만남이고
길이다

기우제

지하수까지 다 파먹은
개발이
그래도 염치없이
하늘을 쳐다본다

배고픈 아이
엄마에게 젖 달란다
목마른 사람들
하늘 엄마 쳐다보고 젖 달란다

우수절기 등에 업고
주룩주룩
반가운 엄마 오신다

쥐라기를 지나

자박자박 걸어온
희로애락의 발자국
희미한 기억은
미로처럼 떠돌고
절망도 환희도
도란도란 어깨동무하고
세상을 향하던
지울 수 없는
공룡 발자국
세월의
지우개 속으로
얼마나 많은
삶의 쥐라기들이
걸어 다녔을까

다시 써 내려가면
난 어떤 부표로
떠오를까

가을 쇼핑

나는 가을을 사러 간다
들길을 따라
참새 떼 쪼다 남은 벼이삭도 사고
허수아비 쓰다 버린 밀짚모자도 사고
붉은 수수밭에 앉은
어머니의 하얀 베적삼
그 흔적을 사러 간다

산길을 따라 가을을 사러 간다
단풍잎 주어서
새 둥지 덮어주고
알밤 도토리 털어서
다람쥐
먹이를 채워 주고

낙엽을 팔아 새움을 사러 간다
위선을 팔아 진실을 사고
불신을 팔아 믿음을 사고
오만 하나 손에 들고
겸손을 사러 간다

가을엔
가을을 사러 간다

낙엽 애愛

갈색 눈물이다

노랑 저고리
자주색 옷고름에
바스락바스락 노란 이별을
밟고 가는 바람의
슬픈 스카프다

가을 어느 응달에서
안개꽃 한 아름
안겨 주던
젊은 날에 서러운 이별이다

마지막 엽서 한 장
떨구고 가는
갈색 그리움이다

그건 아닌데

애틋한 바람이 이별을 날린다

그건 아닌데, 그건 아닌데

아닌데

가는 건

떠나야 하는 이별이 가슴에 꽂힌다
아침 이슬처럼 짧은 모습이
눈물 머금은
석별을 남긴다

이슬촌

방수복을 입은 그가 걸어가고 있다
물방울 맺힌 비닐우산이 걸어가고 있다
이른 아침 풀잎에 앉은 이슬은
방수복 차려입은 토란잎에서 토라진
어깨를 다독거린다
늦게 눈뜨는 아침 햇살을 기다린다
아픈 기억은 이슬보다 진한 눈물이다
잠시 머물다간 이슬이 이웃고
아침 햇살에 안개처럼 떠난다

– 여기는 텅 빈 풀밭입니다
케이비에스 –
이이슬 기자는 마이크를 잡는다
망아지 한 마리
풀밭 넘어로 사라지고 있다

강추위

옛날의 아이가 눈밭에서 눈 팔매를 한다
삼한사온은 어디로 갔나
입김처럼 철철 흘러다니는 유행어가
두터운 목도리를 매만진다
바다에는 사나운 유빙이 떠다니고
따스한 어제가 그리운 칼바람이다
강은 얼음의 침묵을 머금고
잠시 숨을 고르며 흐르지 않는다
숨찬 빙판 위로 썰매가 제철을 만났다
아이들이 즐겁다 바둑이가 즐겁다
덩달아 따라다니는
펭귄 같은 모델들이
스키장에 모여든다
동파된 수도 계량기처럼
파산된 겨울나기가 아린 이빨처럼 시리다
아이들이 떠나버린 저수지에
강추위가 널따란 이불을 덮고
하얗게 누워 있다

제 2 부

골목길

골목길

선창 골목길에
파래냄새가 파릇파릇 휘감기고
갈매기 자갈 소리에 해일이 인다
개구쟁이들 발자국소리가 동각 뒷골목
등천집 돌담길을 바람처럼 쓸고 간다
빨래소리는 실버들 개울물에 젖는다
잣대처럼 잘린 단발머리가
이발관 거울에 비춰고
세라복 차려입은 물방울무늬가
타박타박 걸어온다
소국 흐드러진 골목길이
국화꽃 피우는 향기로 바쁘다
세월에 빨려 나는 달려가고
숱한 사연을 안은 골목은
아직도 시나브로 나이를 먹고 있다
그래도 남아 있는 골목길
파도소리 듣던
버들포아이들 발자국소리
파도울음처럼 들려온다
골목길엔
푸른 날의 그리운
내가 있다

설거지

묵은해를 말끔히 설거지하고
새해가 떴다

쥐가 갉아대던 오두막 선반에
귀지처럼 떨어져 나간 추억들
개수통에 유년의 소리를 씻는다
접시를 깨뜨리는 것도
조각조각 깨어진 삶의 조각을
줍는 것도
새콤한 매실차를 마시는 것도
오타 된 문자를 키보드가
지우는 것도
설거지를 하는 것이다

부산하던 어머니의 비설거지
두서없는 날말처럼
두서없이 쌓여 있던 대청마루

편편이 쌓여 있는 시편들이
글 설거지를 한다

어떤 맛

냉 콩국수를
그렁그렁 먹다가
무더위를 냉채 위에 띄운다
막사발에 비빔밥을
막사발처럼 비비다가
네가 흘리고 간
못난 미련까지 섞어 비빈다
땡초에 끓인 콩나물국
혓바닥도 땡초
정신도 땡초
거친 세상사도 땡초 맛
얼얼한 고추잠자리
골목 지나가는 맛
앵두나무 빨래터에
수다 떨고
신열 나게
웃는 맛

금잔화

여름부터 붉게 타던
그녀
삼동 한복판에
초막도 짓지 않고
울 밑에 모닥불을
지피고 앉아 있는 그녀
국화보다 더 독한
그녀는 지난봄 몹시 앓다
여름에 세상 떠난
몽이 엄마보다
더 질긴 생이다

가밤 칼바람에
내린 눈이
모닥불을
하얗게
태우고 떠났다

종소리

아무도 모르게 새벽종을 친다
종 줄을 잡는 순간
거룩한 종소리와 함께
엎드린 영혼들
작은 천국이 열리고
새 아침이 열린다

어느 날 도심 속 종소리가
멀리 떠나고
굉음을 쏟아내는 차바퀴 소리에
아침이 온다

멀리
성당의 녹슨 종소리가
아직도 들려온다

담양 나들이

댓잎 서걱거리는 발자국소리를 따라
마을 초입에 들어선다
대나무 박물관에 발길들이 머문다
대그릇들이 눈 깜박거리며
옹기종기 앉아 있다
옛 친구를 만난 듯 키질을 한다
녹두를 까불고, 참깨를 까불고, 조를 까불고
보릿고개를 까불고
초록색 짙은 옛날을 까분다
죽녹원을 걷는다
죽마고우 은하수 길을 걷는다
대숲에서 나오는 시원한 대숲바람
바람의 길은 푸르다
원초의 말씀이 그윽한 오후
죽마고우 같은 은하수와 어깨동무하고
사진 한 컷 찍는다
소쇄원을 건너뛴 하루가
댓잎처럼 소슬하다

고무신

댓돌에
말끔히 닦아놓은 코고무신
비녀 머리에 하늘색 오빠루 치마 입고
울 엄니
화전놀이 가신다

댓돌에 검은 타이야표
작은 오빠 마실갈 때
같이 터벅거린다

밭일하고 돌아온 황토 고무신
시냇물에 발 씻는 사이
강 구경 하러 떠난다

타향 간 언니가 사 보낸
남색 운동화
아끼다가
발이 먼저 자라버린
유년의 학교 길에
달개비 꽃이
타박타박 따라왔다

조강지처

귀뚜라미
보일러가
거꾸로 타든 말든
네 생애
장미꽃 인생이 오든 말든
내 생애
봄날이 가든 말든
젖으면 젖은 대로
마르면 마른 대로
조강지처는
그 자리를
항상
말뚝처럼 지키고 있다

화분

내 마음을 옮겨 담은 그림이다
투울립을 그리고
장미를 그리고
떠난 그리움 같은
향기 그윽한 캔버스

채송화가 피는 분홍 마음을 담는다
나를 혼란케 하는 잡초도 뽑는다
이따금 너를 미워하는
가시 선인장을
아픔인 듯 잘라낸다

미치겠다

봄이 산에
꽃을 부려 놓는다
일 년 내내 울타리에 붉게 피어 있는
장미
계절을 모르고
철없이 웃고 있다
마음이 풍선 같은 계절이다
민소매도 걸쳐 보고
털옷도 걸쳐보고
떠나간 그리움도 봄옷인 양
걸쳐보고 싶다
미치고 싶은 것이 너뿐이랴
말 바꾸기 잘하는 그를 봐도
미치겠고
장롱을 온통 뒤집어
햇살에 젖은 시간을 말리는
그를 봐도 미치겠고

찢어진 청바지
짧은 배꼽티
뺏뺏한 허영
황사 바람에 미치겠다

11월

외로움보다 더 적막한 11월은
그리움을 껴안은 그림이다
앙상한 가슴속으로
시심을 떠올려 시를 쓰게 입맛을 돋운 것도
어느 11월이다
제인 에어와 젊은 베르텔을 읽다 어설프게 다가온 시심
차가운 낮 하늘은 맑다 못해 시린 가슴의 또아리를 틀고
시리다 못해 내 안에 어떤 신 내림처럼 시는 찾아왔다
가슴속 묻혀 있던 나 아닌 나를 울린 11월
대지는 너무 스산하다
황망을 안 가슴이 떨어져 나뒹구는 낙엽과
같이 뒹군다
푸른 잎 하나 떨어지던 11월
사라져간
허망의 자국들이 낙엽을 밟고 스쳐 간다

엄지의 하얀 반달이
새순처럼 다시 살아나
나를 희끗 쳐다본다

사라진 것을
11월이 찾아 나선다

분수는 댓글처럼

누리꾼들의 댓글이 무수히 쏟아진다
푸른 어깨에 퍼붓는 분수는
댓글의 향연이다

분수 모르고 상경한 그녀가
밤새워 달려간 열차는
영등포역에서 생각을 다듬는다

반가운 오아시스처럼 다가오는
낯익은 친구
분수를 닮은 그는
목마른 행려자의
시원한 물줄기 같은 거

새벽별 같은 그가
마음 팍 무더위를
팍팍 날리는
댓글을 단다

꿀

선물로 들어온
몇 년 된 꿀단지가 냉장고에 있다
처음엔 물렁한 꿀이 흐물흐물 컵을 타고 내렸지만
지금은 굳은 마음처럼 단단하게 굳어서
마음을 닫고 있다
꿀단지 앞에서는 나도 벌이 된다
토종꿀 한 숟가락 혓바닥에 잉잉거린다
산뜻한 향과 약간 서걱거리는 미감이 좋았던
그 옛날 꿀맛
해가 지나도 그대로의 모습이 토종인지
녹기를 원하는 것이 토종인지
알쏭달쏭 달달하다

언어를 찾아서

파도 소리는
사금파리 소리를 냅니다
꼭꼭 숨어버린
내
어린 날의
소리를 불어 봅니다

산자락 타고
계곡 깊이 흐르는
도란거림
그 도란거림 사이로
가시나무에 걸린 옛날
새끼줄에 끼어 문
붉은 눈물은
가을을 적십니다

된서리 피우던
쪽빛 하늘 너머
안개꽃 같은 옛날이
자욱하게 걸어옵니다

사진의 가족사

용두산에서 찍은 젊은 오빠, 젊은 형부
앳된 나도 보인다
꽃시계 탑, 비둘기
연락선 뱃고동소리도 찍혀 있다
동백꽃 집 마당이 예식장이 된
족두리 쓴 새색시
작은언니도 보인다
어머니 칠순 때 찍은 사진 한 장이
유독 눈에 들어와 마중물처럼 출렁거린다
큰오빠가 가고, 이모가 가고, 어머니가 가고
큰 올케만 살아 있는 언덕이다
나는 먼 길을 떠날 때면
사진액자 앞에 다가가
어머니만 인사하면 섭섭해 할까 봐
인사를 주렁주렁하고 나온다
저승에 가있는 가족이지만
한 지붕 밑에 사는 것처럼
인사를 한다
버스 타고 택시 타고 배 타고
일일이 기일 때마다 찾지 않아도
한 장의 사진에서 만난다

영화처럼 간직하고 있는
칠순 잔칫상
언제 보아도 충만한 정겨움은
사진만이 할 수 있는 일이다
겨울밤 화롯가의 군밤 굽는 소리
옛이야기를
사진 속에서 듣는다

어처구니

청포장수 놀다간 녹두밭에
여름풀 우거진 뒤란에
가벼운 모시옷이 나풀거린다
밤새 앓은 새우잠 속에
사랑니 하나 어처구니처럼 빠져나간다
수수깡 바람개비가 훌라후프가 앉은뱅이 선풍기가 돌아가고
멀미난 세상도 돌아간다
맷돌 속에서 자라난 장터 올챙이국수
올챙이들이 와글와글 옥수수를 뜬는다
그가 돌리던 맷돌을 내가 돌린다
별안간 빠져나온 어처구니

어처구니처럼 빠지는 것이 세상의 허상이라고
헛바람 같은 시간이 허공을 돌고 있다

제 3 부

옥상 위에 항아리

은행을 턴다

노인은 사닥다리를 세우고
학교 지붕을 오르고
긴 바지랑대를 높이 세운다
파란 하늘을 털고
구린내 나는 마음을 털고
노란 가을을 털어낸다
지난봄
파릇파릇 입금해 놓은
가로수가 만추에
황금으로 물들었다

꾸리해서
보약이 된다고
처방하지 않은
가을을 줍는다

옥상 위에 항아리

텅 빈 입으로
텅 빈 허공을 먹는다
시린 별을 따먹고
차가운 세상을 훔쳐 먹고
뜨거운 태양을 꿀꺽 삼킨다

옥상 위에 항아리
맛 곰팡이 먹고
장맛 피어오르는 소리
허기진 뱃속
입맛 피어오르는 소리
오염된 세상 속 삭히는 소리

그 소리들이
항아리의 입을
열어 놓았다

폭포

뜨겁게
달려온 길
네 울음소리와 몸부림을
꼭 껴안고 싶다
세찬 너에게
마디마디 부서지고 싶다
떨어져라
폭포야
세상에서 가장 억센 몸짓으로
나의 울분을 부셔라
닫힌 가슴을 열어라
나이아가라도 울고 떠날
낙대 폭포야*
숲 속 땡볕이
소沼에서 풍덩거린다
하얀 톱니로
뜨거운 나를 잘라라
쏟아져라
폭포야

* 낙대 폭포 : 경북청도에 있다

일출

동해
일출이
나를 보러온다
길 타고 바람 타고
숨차게 달리지 않아도
사방천지 따스한 얼굴 내미는
신의 은총
송구영신 예배드리는
교회당에도
외양간에도
소외된 이웃에게도
응달 속에 피어나는 안개꽃에도
달리지 못하는 굴절된
시간 속에도
정해년
새해가
호미곶에 뜬 오른손에도
꿀꿀거리며 붉은 돼지처럼
솟아오른다

불꽃 축제

누가 전화하지도 문자를 보내지도 엽서를 띄우지도
안 했는데 불꽃을 보고 부나방처럼 날아온 인파들
광안리백사장 한가득
온통 불꽃축제로 폭발한다
만조의 바다도 포만한 축제로 출렁인다
풋풋한 젊음의 사랑도 가득
흥에 겨워 흔드는 노부부의 모습 사이로
아이들의 초롱한 눈빛이 소낙비처럼 퍼붓는 불꽃이
눈동자에 어린다. 우수수 떨어지는
무지개빛 소낙눈 아래
가을밤의 눈발을 휴대폰 속에 담는다
밤하늘을 수놓은 황금색 불꽃이
아름다움의 함성이
가을밤 허공을 무지개빛 눈보라로 불태운다

윤달, 그해가 가기 전에

칠순노인 댁에서는
둥둥 닷새 안동포로
수의를 듬성듬성 땀질해간다
둘째 오빠를 닮았다는 아버지
아이는 눈발 시린 초분에 청솔가지를 꽂았다
혈육의 흔적마저 보지 못하고
그해가 가기 전
십일월 이십칠일
이장을 서둘러야 했다

아버지 그리고 나는
한 세상
상사화 숲을 걷고 있다

어머니 날

돌담 밑 씀바귀를 보면
나물을 무치고 싶습니다
나 어릴 적
시린 손끝으로 무쳐 주시던
사랑의 나물을
씀바귀 잎 새로 일렁이는
당신의 자화상
씀바귀처럼 살다 가신 어머니
이제 기억의 먼 자락에서
머뭇머뭇 서성댑니다
새봄에 만물은 소생하것만
당신의 영혼의 나무는
움도 싹도 트지 않는
북망산입니다
가끔 꿈속에서 다가오는 환영
어느 흙과 인연을 맺고
무슨 꽃으로 피어나셨나요
그리운 어머니
올 어머니날에는
하얀 카네이션 꽃이 되어
당신의 가슴에 꽂히고 싶습니다

하늘 뷔페

한 턱 내고
한 방 쏘고
밀어 주고 끌어주고
습관처럼 오르내리던
하늘 뷔페
습작의 꽃이 활짝 피던
추억들이 오종종 앉아 있다
옹알이하던
습작 사이로
시처럼
토막토막 잘려나간 도토리묵
수필처럼
길게 누워 있던 꽁치구이
다람쥐가 되고 바다가 되고
시가 되고 수필이 되고
하늘 뷔페 마지막 식탁 위에
마지막 수업처럼
마지막 이야기가
식탁을 빙 둘러앉는다

지천명知天命

아등바등 달려와 잠시 머문 자리
오래된 시간이 새 문지방을 밟는다
달려갈 날보다
달려온 날이 더 많은
계수하지 못한 촌음
느릿하게 밟아온 사십 키로의
마지막 페달을 밟고
오십 킬로를 밟아야 하는 바퀴 사이로
쓰다 남겨둔 글을 완성해야 한다는
개수통에 설거지를 해야 한다는
빨래 통에 손빨래를 해야 하는
주일 새벽엔 기도를 가야 하는
아직 돌보지 못한 이웃을 돌아봐야 하는
일념들이 일 열로 줄을 선다
하늘의 명을 가까이서 들어야 하는 언저리
늘 푸른 나무인 줄로만 알았는데
나뭇가지에 웅크리고 앉은 로댕
마른 잎 바스락거리며
그가 존재하는 이유
아직 할 일이 많이 남아서가
아니다

타올

주눅 든 어제를 말끔히 닦고
빨래 줄에 걸터앉은
타올
형형색색 모여 앉아
회의를 한다
뉘
결혼식
회갑 날
야유회
친목회
신장개업

세상 잔칫날이
소한 바람에 펄럭인다

소금

상하지도 썩지도 않는
바다가 짭조름한 소리를 한다
죽염이 프라이팬을 볶고
삼겹살이 왕소금을 굽는다
주렁주렁 달린 곱창이
석쇠 위에서 등을 눕힌다

소금이 짜지 않으면
소금 맛이 아니지
사람이 따뜻하지 않으면
사람 맛이 아니지
내가 나가 아니면
내 맛이 아니지

썩지 않는 소금이
잠언을 쓴다

성경을 읽으며

그림도 한 장 없는 경

깨알 같은 글씨가 고소하다

밤 낮 읽고 또 읽어가도

못다 헤아릴

신묘막심이다

사랑과 생명의 말씀으로 가득 찬

예순 여섯 권의

달고
오묘한
로고스*

* 로고스 : 진리. 참

자갈치

비린내로 얼룩진 하루 낡은 지붕이 지워지고
새 지붕이 화려체로 자갈치를 다시 쓴다
좌판마다 앉아 있는 어물사이로 삶의 소리가
자갈 소리처럼 왁자하다. 자갈치에 저당 잡힌 시간
아이가 자라고 자갈치만큼 꿈이 자라고
한 생이 파도처럼 익어간다. 자갈밭에 갯내음을
밟으며 곰장어로 나른한 하루를 달래던
철판연탄구이 가스구이에 길들어진 곰장어는
연탄구이에 맛이 아니다. 맛없어도
살아야 하는 아쉬움 구구한 변명이
갯바람에 팔랑거린다

사막

풀 한 포기 드물어서
물 한 모금 가물어서
그래서 자유로운 낙원이다, 사막은
오아시스 아득한 옛날
아이를 태운 낙타가
지나가고 있다

사막은
비어 있을 때
더 큰 수렁이다
따가워서
끓어오르는 마그마다

떠나야 하는 자와
보내야 하는 자와
사막은 언제나
꿈속에 있다

인적 성근 모래밭을
바람이 쓸고 간다

강아지풀

강아지 문패를 단
집성촌이다
수수도 아닌 조도 아닌 것이
강아지 꼬리를 흔들며
나를 붙든다
도시의 조그만 뜨락
겸손을 가르치는 교실
키가 큰 촌장도
겸손의 고개를 숙이고
아들, 딸, 손자, 사촌, 팔촌
모두가 고개를 숙여
더 겸손해지기 위하여
훈풍에 하늘거리고 섰다
모질게
살아온 삶이 행여 누가 될까
하늘 한 번 쳐다보지 않고
고개를 떨군다

가던 길 멈추고
집성촌에서
고개 숙인
겸손을 본다

고해성사

그대 눈 속에
포도 알처럼 슬픔이 달려 있네
애련하지 않는 아픔이
어디 있겠나
그 애련을 삭히려
시인은 시를 쓰나 보네
살아온 길 제각기 달라도
아픔 알알이 달라도
시인은 시로 하나가 되네
시집이 신부인 듯
내 안에 있는
나를 그리며
알알이 고해성사하네

세상의 언어, 은유 상상이
그대 안에 있네
마음을 풀어 주는 길
현상공모 중

제 4 부

그녀는 休가 좋다

그대 안의 봄

구조조정의 삐걱거리는 소리를 들으며, 그는
새벽별을 머리에 이고 나가 밤별을 어깨에
걸치고 들어온다. 너풀거리는 하우스 사이로
봄나물이 귀한 얼굴을 내민다
쑥부쟁이도 언 땅을 비집고 봄 마중을 나온다
C동 하우스 B동 하우스 원예작물들이
비싼 몸값을 하며 겨울 속에서 잘 자란다.
A디스켓 B디스켓 속의 문장들이 물기 없는
블러그 밭에서 비밀번호를 로그인한다
수다스러운 언어들이 개미떼처럼 부지런히
작업을 한다. 바쁘지 않은 그대는 나를 위해서
항상 바쁘다. 그대 안의 봄을 위해서
연초록 비명소리가 언 땅을 건드린다

알레그로 안단테

아무리 만져 봐도
매몰차게 돌아선 그녀 같다
함박눈이 내린다

눈이라서 멋진 사람
떠나보내기에 아쉬운 사람
몰래카메라에 담아
영원한 내 사랑으로
가둬놓는다

싸리나무에 눈꽃이
성탄절 종소리가
그리움처럼
하얗게 매 달린다

누가
하얀 나를
그렸을까

폐교, 친구를 만나다

기와로 덮인 교장사택
슬라븐가 스레튼가 기억이 희미한 교감사택
앞마당 우물
목마른 아이들의 두레박 푸는 소리
푸른 물소리로 흥건하다
공부 끝난 뒤 운동장
팽이소리 공치는 소리 구슬, 딱지치기
교실 앞마당에 저마다 터 잡고 땅따먹기 하던
조막만 한 손들이 부동산 놀이를 한다
보건시간 줄넘기 삼팔선 놀이 고무줄놀이
재건체조로 아침 조회를 마무리하던 김일천 샘
컴퓨터가 없고 티브이가 없어도
즐겁고 신나기만 했던

교정을 스쳐 가는 찬바람 속에
폐교는 동영상으로 다시 태어나고 있다

노부부의 안식처가 된 미술 공간
그림 한가득 폐교가 친구를 만났다

돌아오지 않는 강

그들과의 사랑도 다 떠난 옛이야기다
낙엽이 쌓이고 꽃잎이 쌓이는 길을
왁자하게 피어나던
사과 꽃처럼 까르르 웃어대던 길을
버럭버럭 천둥소리 같은 옆집 애비 꾸지람소리도
다 지나간 옛이야기다

비가 내린다
우수 지나고
빗줄기 타고 옛이야기가 내린다
그 푸르던 포플러 잎은
빗물에 떠내려갔나
그 시절은 쉽게 갔지만
이 시절은 쉽게 돌아가지 않는 강

그때 버려져 떠다니던 추억이
부표처럼 강물 위에 떠 있다

봄 언덕

만개한 벚꽃이
훨훨 봄을 벗어 던진다
끝물 추위에 미련이 남아
머뭇거리는 매무새
백마강 삼천 궁녀처럼
후두둑 떨어지는
봄날의 붉은 눈물이 깊다
오갈 데 없는 사월의 고독이
떨어지는 꽃잎처럼
흘러가는 애증 속에
동반낙하를 한다
강 언덕
긴 배수진을 친 개나리
아직 만나지 못한
첫사랑 추억 때문에
옛이야기를
노란 노란 피우고 섰다

그릇

큰 그릇은 작은 그릇에
담길 수 없는데
세상 어디에서나
집안 여기저기에
작은 그릇이
큰 그릇 소리를
뭉개고 있다

우아하게 들앉은
저 목기처럼
뻣뻣한 모가지는
아니었는지

감당할 수 없는
어떤 이별 속에
쉽게 깨어지는
질그릇은 아니었는지

침묵하는 놋그릇이
융통성 없는 목기에게
질그릇처럼 나긋나긋하라고
문자를 보낸다

물줄기가 하늘에 뜬다

물줄기가 허공에 뜬다
커다란 줄기가 허연 기둥을 깎는다
순간의 작업에 몰두하는 분수
물기둥이 높이 높이 치솟아 오른다
올망졸망 어린것들이
소녀시대처럼 무대 위에 뒤엉키고
물줄기가 흥겨운 박수를 친다
쏴아 쏴 ~
청남대 헬기장 잔디밭의 새 한 마리
모이를 쪼다가 고개를 든다
시간이 흐르고
시간 속으로 음악이 흐른다
호젓하다고
분수는 어깨를 들먹인다
호반에 뜬 연꽃들이
머리에 하얀 리본을 달고
빙 둘러앉아 박수를 친다
물줄기와 연꽃들이
나라뉴스를 듣고 있다

그녀를 만나러 간다

베란다 저 꽃 때문이다
저 꽃이 다문 침묵을 자꾸
흔들어 깨운다
배신한 눈물처럼
버쩍 말랐던 눈물을
완두콩 넝쿨처럼 손을 뻗게 한다
마른 겨울을 뚫고 올라온 눈망울이
그녀가 사준 화분을 이고
옛날처럼 다가온다
죽은 듯 숨죽이고 있던 그의 침묵이
시계바늘처럼 째깍거린다
우정도 다시 봄 물살을 탄다
죽은 듯 묻혀 있던
봄 햇살이
그녀를 만나러 간다

첫서리

상강 막 지나간 발자국에
끝물 무화과 나뭇잎
첫서리가
발 헛딛고 내려앉는다
낙엽 줄에 피어나는
머리에 살구꽃도
어쩔 수 없는 같은 또래다

이슬이 변해
찬 서리가 되는 법칙은 하늘만이
알 일이다
나는 그 아름다운 변화를
해마다 가을옷은 갈아입듯
마음속에 갈아입는다
부담 없는
너와 나의 만남처럼

가을이 익어 가는
깊은 소용돌이를 다독인다

만어사에서

돌 의자에 앉아
찰나의 왕이 된다
산아래
슬픔처럼 떨어는
아직 이른 꽃잎 들
열매 맺지 못한 열매들이
견디지 못한 아귀다툼에
후두둑 떨어진다

하늘 채에서
흩어지는 절규
天下를 얻고도
제 목숨 떨어지면
무엇이 유익하냐고
타이르신다

비릿한 너덜겅
경쇠소리
더듬더듬
까만 비늘을 더듬고

돌확

조용히 앉아 있는 돌확에
조선 꽃이
더부살이를 한다
먼 나라꽃들이 와서 자꾸 성화를 부린다
누가 터줏대감인지 염치없이
궁둥이들이 밀던 날
성질머리 땡볕 같은 사내가
확 던져버리고 싶었던 돌확
던져버리지 못한 땡볕을
오래된 돌확에
란 하나 모처럼 옮겨놓고
천 년을 기다린다

학이 날아간다

리듬

떠오르는 아침이
가라앉는 저녁이
부지런한 삶이
게으른 주검이
생각과 망각이
만남과 이별이
봄과 겨울이
새움과 낙엽이
전쟁과 평화가
희망과 절망이
무덤과 부활이
알파와 오메가가
썰물과 밀물이

출렁거리는
파란 물결소리에
눈을 끔벅거린다

시집, 빨래를 한다

빨래 도마 위에 시집을 발려 놓고
팍팍 문지른다
사이사이 비누칠을 하고
연마다 주물락거리고
행마다 방망이질을
쪽마다 누런 때를 폭폭 삶는다
요상하고 괴리한 시집 두엇
비틀고 비틀수록 줏가가 뛰고
질퍽하고 지저분할수록
불쾌지수 하향 가
99% 비틀어 탈수를 하고
99% 똥 기저귀를 햇살 묻은
탱자나무에 넌다
비틀고 비틀어서 출산한
우량아
더 비틀고
더 방망이질하라고
바지랑대에
드높이 펄럭인다

진동 소리

수전증 손처럼 바르르 떠는
휴대폰 진동 기능이
손금을 타고
깊고 깊은
심장 가장자리에 앉는다

강남아파트 값이 뜀박질을 하고
기차, 가스, 발전소가
마른기침을 한다

골목에서
붉은 띠를 머리에 두르고
못 참겠다고 붉은 대자보를
흔들어댄다

동이 튼다
붉은 띠가
테이블에 앉아 이파리를 서걱거리며
푸른 수액을 뽑아낸다

푸른 댓바람이 인다

페스티발

빨간 머리 엔이
뛰어 오른다
노랑머리 산발한
해운대 납량 무대
젊음의 몸부림은
무대 위에 뒤엉키고
가슴으로 짜낸
젊은 락의 페스티발
무대를 뒤흔드는
신 내림 속에
대책 없는 몸부림은
장대비로 퍼붓는다
양철지붕 위로 뛰어 다니던
소낙비
일그러진 여정은
난타 춤을 추다 떠난다

그녀는 休가 좋다

축축한 언어가
꼽꼽한 상상이
누가 몰래 버린 신발이
흐물흐물 실개천을 흐른다
구름은 진종일 천막을 친다
안개 우산을 받쳐 들고
우울한 기억들을 강물에 쏟아낸다
뜬금없이 쏟아지는 소낙비가
반갑지 않은 소식처럼
불쾌지수를 체온기에 전한다
지속되는 장마는
폭우예보를 쏟아 붓는다
무더운 야영족 텐트가
장마처럼 칙칙하다
피서객들의 웃음소리가
계곡 깊은 물소리가
길을 서둔다

올레길 따라
장마를 걸어온
그녀는 休가 좋다

제 5 부

봄 시계

은행과 은행 사이

그 돈으로 여행 계획표를 살까
전복죽 홍어 무침을 먹을까
사랑의 리퀘스트에 버튼을 눌릴까
하얀 꿈속을 헤매다
노란 은행 숲을 본다
가로수로 집을 지은 은행마을에
은행이 무겁게 매달려 있다
그 은행으로 뜸을 뜰까
고장 난 시간을 고칠까
버려진 시간을 불러올까
뉘댁도 주오고 뉘댁도 따오고
비바람 스쳐간 날
은행나무 밑은
우수수 떨어진 노란 맛으로
돌아앉은 후각에 뜸을 뜰까
은행잎은 노랗게 지고 있다

무궁화

연분홍색 짙게 바른
CF모델이지요
지구촌 구석구석
배고파도 피어나고
힘없어도 피어나고
즐거워도 피어나지요

은근과 끈기를 손잡고
가로수로 명받은 알림이지요
고난을 삭히고
이 땅에 피어난
연분홍 얼굴이지요

은근해서 더 오래 피는
아름다운 끈기
무궁화호 방마다
철길마다
무궁화가 피었습니다.

언어를 찾아서

파도 소리는
사금파리 소리를 냅니다
꼭꼭 숨어버린
내
어린 날의 꿈으로
소라를 불어 봅니다

산자락 타고
계곡 깊이 흐르는
도란거림
그 도란거림 사이로
가시나무에 걸린 옛날
새끼줄에 끼어 문
붉은 눈물은
가을을 적십니다

된서리 피우던
쪽빛 하늘 너머
안개꽃 같은 옛날이
자욱하게 걸어옵니다

잔액이 부족합니다

하나로카드 속에
짧은 여행을 입금해 놓고 버스를 탄다
마을버스 환승제로 더 살만한 세상
삼세번의 환승으로
입가에 미소가 번지는 그녀
기쁨이 스카프처럼 휘날린다

잔액이 부족합니다
얼굴 없는 차장의 목소리다
열심히 차비를 받고
인사도 잘한다

25시로 살아가는 편의점마다
밤은 공휴일도 없다
시간의 잔액이 부족하다고
휴대폰에서
신호음이 울린다

눈사람

순백의 세상에
눈사람 하나 탄생했다
사랑스런 사람
떠날까 봐
만질 수도 사랑할 수도 없다
바보 같은 사람
미워할까 봐 떠나지도 못하고
바보처럼 서 있다
사뿐사뿐
눈덩이를 뭉친다
내 사랑 바보 같은
눈사람
차가운 세상에 혼자 서 있다
함박눈 쏟아지는 날
시린 내 사랑 그리워

연을 날린다

스프링

언 땅이
봄을 출산하는
산통으로
쿨룩쿨룩 신음을 한다
꽃샘바람 사이로
엠브란스가 달린다
움츠린 시간이
입덧을 하며
아지랑이를 피운다
양달
조산소에 다녀온
봄 햇살이
빈 나뭇가지 위에서
연둣빛 배냇저고리를 손질한다

개울물이 조잘거리고
버들치가 튀어 오르고
꽃눈도 튀어 오르고
느슨한 시간들이
팝콘처럼 튀어 오르는
계절은 아직도
산후조리 중이다

해몽

꽃도 아닌 그가
꽃이라고
꽃가지를 꺾으며

변변하지도 않은 그가
변변하다고
우겨대는 그가
으뜸도 아닌 그가
으뜸에 버금간다고
동네방네
소문을 들고 다닌다

그녀 속을
들어 가 보지도
않은 그가
그녀 속에는 조롱박 하나
더 달렸다고
그 조롱박을
따라고 한다
자꾸

떠나가는 달력

달력끼리 월례회를 한다
눈 부릅뜬 황소 회장님이
일 년의 임기를 마치고
회장석을 내려앉는다
삼십 명 회원 거느리고
가끔씩 특별 회원 일명이
오는 달이면
더욱 당차게 일하던 회장님

그동안 눈물겹도록 열심히 일한 당신
안식을 찾아 떠나세요

신임 회장에 등극한 범 회장님
용감한 기운이 수염에서 퍼덕거려요
위용에 가득 찬 리더십으로
회의 진행 잘해 주세요
어지러운 세상 질서가 기울어져요

달력이 열두 번의 월례회를 마친다
그믐밤이 어둡다

매미 소리

숲 속 기도원에서
매미들이 방언을 한다
시오시 씨오시 씨씨시오시 시시시시
매앰맴 맴맴맴 매앰매 맴매

어느 나라 방언인지
한여름
매미들이 시원한 시를 쓴다
지네들만 통하는 의미
방언으로 언제나 시가 된다

삶의 끝자락이 예정으로 다가오는
어떤 시한부의 절규 같은
방언 기도소리

말복을 등에 진 시한부 같은
매미들의 열정이
뜨거운 시를 읊는다

겨울 산

설피를 신은 상수리나무가
나이테를 키우며
빈땅에
맨몸으로 서 있다
억새가 곱은 손으로
겨울 산속을
보스락거린다
흰 눈 속 익은 망개가
토끼 눈알처럼 붉다
칼바람이
하얀 눈을 바위에 널어놓고
언 개울물이 썰매를 끈다

뽀드득 뽀드득
떠나간 그리움들이
설피를 신고 온다

봄 시계

까투리 두엇 놀다간
청보리밭 이랑으로 봄 시계가 간다
뻐꾸기도 아지랑이 떴다고 뻐꾹 뻐꾹
온 산에 시계바늘을 돌린다
벽에는 뻐꾸기시계가 수상하다
낮인지 밤인지 알 수 없는
두 시 삼십 분, 언제 멈췄는지
초점 잃은 동공처럼 멍하다
대일생명에서 들어온 뻐꾸기시계가
추억처럼 울고
119생활 보험이 해약되고
IMF가 사라지고
그가 산으로 들어간 날이
그 뻐꾸기 속에서
돌아오고 있다

네잎크로바가
봄을 먹고 길섶마다 꽃시계를
풀어놓았다

멍나무

가을빛에 타는 멍나무
멍보다 더 까만 멍나무
내 가슴이 멍나무다
세상 신음 다 끌어안은 열매
멍으로 퍼렇게 익었다
지나가는 바람에게 멍든 시간
찢기고 할퀸 상처를 쓰다듬어
햇빛 바른 너럭바위에 말린다
쓰디쓴 언어가 뒤집어쓴 아집이
개옻나무 열매를 붉게 물들인다
물푸레나무 사이
잉크나무 열매도 퍼렇게 시든다
바람에 짓밟힌 멍 자국은
깊을수록 까만 소리가 난다
날아가는 돌팔매를
멍멍이가
한사코 따라간다

알까기

미니홈피 싸이월드에서
알까기를 한다
선물가게에 들려 도토리 서른 개를
삼천 원에 산다
상수리나무가 아닌 홈피에서
도토리를 줍는다
벽지 무료쿠폰으로
빈집을 화창하게 단장하고
도토리 선물 한 바구니를 들고
일촌을 맺으러 간다
그의 홈피로 들어가서
오늘을 클릭한다
맺을 때는 화답을 해야 하고
끊을 때는 그냥 나간다
바람의 창에 URL 주소를 적는다

노란 개나리 꽃 숲에서
암탉도 병아리 까기를 한다

송년

한 장 남은 달력이
담쟁이넝쿨처럼 벽을 꽉 잡고 있다
안간힘으로
세상을 버티는 저 담쟁이
떠나는 한 해가
아쉬워 꼭 매달려 있다
아쉬움 속에
오가는 언어 속에
찬바람처럼
새어나오는 처방전
팔팔하던 그녀의 나뭇가지에
빨간 신호가 걸렸다
저 십이월이 흩어지기 전
베드로의 첫닭이 울기 전
그녀와의 해후가
그렇게 저렇게
떠나고 있다

| 작품 해설 |

언어를 찾는 길

- 윤혜진 시집 『쥐라기를 지나』를 중심으로

– 유 병 근(시인)

언어를 찾는 길

- 윤혜진 시집 『쥐라기를 지나』를 중심으로 -

유 병 근 (시인)

1

윤혜진 시인의 시집 원고를 들추다가 「쥐라기를 지나」라는 시편과 부딪치게 되었다. 쥐라기는 약 1억 8천만년 전부터 1억 4천만년 전까지의 시대를 말한다. 그러나 시에 나타나고 있는 시인이 의도하는 쥐라기는 지리학에서 언급하는 쥐라기와는 거리를 멀리할 뿐 다만 시적 쥐라기를 설정하고 있다.

굳이 이런 제목을 택한 것은 시인의 의도 속에 시는 이미 그 아득한 역사 이전에도 존재하였음을 일깨우는 부분이겠다. 시는 시인의 시적탄생과 더불어 탄생하며 그 탄생 이전은 아마도 쥐라기 연대로 보아도 무관할 것이다. 그러한 은근한 의도를 시에 깔고 있는 것이 시집 『쥐라기를 지나』이다.

자박자박 걸어온

희로애락의 발자국
희미한 기억은
미로처럼 떠돌고
절망도 환희도
도란도란 어깨동무하고
세상을 향하던
지울 수 없는
공룡 발자국
세월의
지우개 속으로
얼마나 많은
삶의 쥐라기들이
걸어 다녔을까

다시 써 내려가면
난 어떤 부표로
떠오를까

—「쥐라기를 지나」 전문

'세월의/지우개 속으로/얼마나 많은/삶의 쥐라기들이/걸어 다녔을까' 고 읊는 희의성 발언 속에는 태어나고 살아지고 하는 세월의 무상함이 깔려 있다. 그것은 생성과 소멸의 다른 이름에 결부된다. 삶을 향하여 꾸준히 걸어갈 수 밖에 없는 운명은 '지울 수 없는/공룡 발자국' 이다. 윤혜진의 시적고뇌는 종국에 '난 어떤 부표로/떠오를까' 에 기표를 둔다.

삶이라고 하는 것은 누구에게나 뚜껑을 닫은 뒤 어떤 구절로 언급되며 어떤 언사로 회자되는가에도 있다. 시인에게 아득하게 흘러간 시 이전의 쥐라기 같은 시공은 시를 하면서 되살아난다. 그것은 시라고 하는 형태로 추억의 등불이 되어 걸린다.

그리움이 내게 손을 내밀었어요
나는 아무 대답도 못 주었지요
그리움이 내 손을 붙들었어요

내 손은 그리움 속에서
물이랑에 비취는
하얀 달빛이어요

달빛은 먼 길을 나와 떠나자고
했지요
모래톱이 있는 강기슭에
모래집을 지어
그리움과 달빛이
같이 살재요

—「저문 강 2」 전문

달은 흔히 모성으로 비유된다. 초승달에서 만월을 거쳐 그믐달에 이르는 과정은 여성의 한 생애를 상징한다고 보아 그렇게 어긋나지는 않을 것이다. 윤혜진에게 달은 그리움이다. 즉 여성성에의 그리움이다. 그 그리움과 손을 맞잡고 어디 먼 길을 떠나고자 한다. 때로는 '모래톱이 있는 강기슭에/모래집을 지어/그리움과 달빛이/같이' 살고자 한다. 그렇게 '그리움과 달빛이' 권유하고 있다. 김소월의 「엄마야 누나야 강변 살자」고 하는 노랫가락을 「저문 강」에서 다시 듣는 건 새로운 시의 의미에 값한다.

시는 시공을 초월하면서 과거와 현재 그리고 미래로 오가는 상상의 날개를 갖는다. 하기에 윤혜진의 상상력은 달빛과 그리움이 짓는 모래집에서 '저물어도 저물지 않는/강' (「저문 강 1」) 기슭에 시적 삶의 새로운 보금자리를 펼 수 있는 작업에 몰두한다.

그러나 '반평생이 낡은/외투가 걸어가고 있다/버쩍 마른 골목을/가난처럼 둘러쓴/저 남루/횡단보도를 쓸고' (「걸음새」부분) 가는 서글픈 걸음도 있다.

할머니는 아침 아홉 시면 출근을 한다
느린 걸음걸이에 작은가방 하나 어깨에 메고
지팡이를 손자처럼 앞세우고
꼬불꼬불 건강센터를 찾는다
안마기에 몸을 기대고
느긋한 호사를 한다
저승 간 영감보다 낫고
못난 자식보다 낫고 잘난 손자보다 낫고
아무도 몰라주는 혼자의 행복
오전이 저문다
한 숨 한 숨 쉬어가며 오르는 비탈길
살아온 길만큼이나 땀이 흥건하다
여름 가을 지나 찬바람 타고 날아온 이야기
소문 없이 초상났다고 경비실에 떠도는 이야기
그것이 궁금하다 그것이 궁금하다
들길 억새풀이 서걱서걱
노인정 할미들이 수런수런
지난 봄 쉬어가던 그 자리
지팡이는 보이지 않고

낯선 바람만
사라진 지팡이를 따라간다

— 「보이지 않는 지팡이」 전문

아침 아홉시면 지팡이를 짚고 건강센터를 찾던 할머니는 어느날 보이지 않는다. 곤궁한 할머니의 삶은 어느날 이승을 뜬다. '낯선 바람만/사라진 지팡이를 따라' 가는 서글픈 현상이다. 생야일편부운기 사야일편부운멸生也一片浮雲起 死也一片浮雲滅이라는 구절이 아프게 다가온다. 어차피 한번은 가야할 인생 아닌가. 그 삶의 흔적은 한 점 구름처럼 허무하게 사라지는 것. 죽음을 서러워하는 사람은 아무도 없다. 다만 짚고 다니던 지팡이가 죽음을 따라갈 뿐이다. 이를 두고 허무주의니 뭐니 하고 토를 달 일은 아니다. '소문 없이 초상났다고' 하니 그나마 복된 죽음을 한 셈이다. 수군거리는 소리는 그때 뿐, 주검은 이윽고 땅으로 돌아간다.

2

윤혜진의 시에서는 종교적인 언술이 이따금 나타난다. 이는 시인의 일상 삶과도 깊은 연관이 있어 보인다. 이를 두고 종교시니 뭐니 하는 것은 섣부른 언급이다. 다만 그런 점을 여기서 추출하여 시인이 지향하고자 하는 삶의 방식을 찾아보는 것도 의미 있는 일이겠다.

사람이 사는 길에는 꿈과 현실이라는 것이 양립한

다. 꿈은 이상세계이며 현실은 지금 막 앞에 부딪친 세계이다. 현실의 고달픔을 꿈으로 다독인다. 꿈은 그것이 미처 이루어질 수 없는 고리로 매여 있을지라도 현실의 고달픔에서 벗어나고자 하는 희망을 갖게 된다. 하기에 꿈을 꾸는 사람은 그 꿈을 현실화시키고자 노력한다, 꿈이 있어야 고단한 현실이 고단하지 않다.

> 성경을 읽으며
>
> 그림도 한 장 없는 경
>
> 깨알 같은 글씨가 고소하다
>
> 밤 낮 읽고 또 읽어가도
>
> 못다 헤아림
>
> 신묘막심이다
>
> 사랑과 생명의 말씀으로 가득 찬
>
> 예순 여섯 권의
>
> 달고
> 오묘한
> 로고스
>
> ―「성경을 읽으며」 전문

성경 속에 진리가 있고 참이 있고 말씀이 있다.

'그림 한 장 없는 경' 이지만 그 속에는 고소한 맛이 우러나는 깨알 같은 글씨가 박혀 있다. 그 고소한 진리를 찾아 밤 낮 읽기를 게을리 하지 않는다. 그러나 진리의 깊이는 미처 다 헤아릴 수도 없는 깊은 우물이다. 참으로 '신묘막심이다'. 이러한 성경을 읽는 윤혜진은 '오묘한/로고스' 와 만나는 기쁨을 얻는다. 윤혜진 시인의 종교관을 이 한편의 시로 보여준다고 하겠다.

아무도 모르게 새벽종을 친다
종 줄을 잡는 순간
거룩한 종소리와 함께
엎드린 영혼들
작은 천국이 열리고
새 아침이 열린다

어느 날 도심 속 종소리가
멀리 떠나고
굉음을 쏟아내는 차바퀴 소리에
아침이 온다

멀리
성당의 녹슨 종소리가
아직도 들려온다

— 「종소리」 전문

새벽마다 들리던 종소리는 어느새 들리지 아니하고 '굉음을 쏟아내는 차바퀴 소리' 만 들리는 도시의 암울한 정서묘사다. 그런 시인의 가슴에 '아직도 들려오'는 종소리가 있다. 그것은 마음의 귀로 듣는 소리다. 마음이 열리면 먼 종소리도 가까이에서 치는 것처럼 들린다. 그리움에 젖은 종소리다. 종소리는 '작은 천국이 열리고/새 아침이 열'리는 잊을 수 없는 소리였다. 그것이 사라지는 아쉬움이 있다. 그러나 지금은 소란스런 차바퀴 소리로 아침이 열린다. 도시의 답답한 정서를 읽을 수 있는 시편이다.

윤혜진의 그리움은 "싸리나무에 눈꽃이/성탄절 종소리가/그리움처럼/하얗게 매 달린다//누가/하얀 나를/그렸을까"(「알레그로 안단테」부분)에서와 같이 성탄절의 눈발에서 과거회상을 아프게 여민다.

3

고향은 언제나 시의 종자를 캘 수 있는 아련한 곳이다. 하기에 고향은 시의 안태본이다. 어릴 때의 정서는 뇌리에 깊이 남아 어느 날 무뜩 시로 변주된 고향과 만난다. 하기에 시인에게 잊을 수 없는 추억이 고향에 있다.

선창 골목길에
파래냄새가 파릇파릇 휘감기고
갈매기 자갈소리에 해일이 인다
개구쟁이들 발자국소리가 동각 뒷골목
등천집 돌담길을 바람처럼 쓸고 간다
빨래소리는 실버들 개울물에 젖는다
잣대처럼 잘린 단발머리가
이발관 거울에 비취고

세라복 차려입은 물방울무늬가
타박타박 걸어온다
소국 흐드러진 골목길이
국화꽃 피우는 향기로 바쁘다
세월에 빨려 나는 달려가고
숱한 사연을 안은 골목은
아직도 시나브로 나이를 먹고 있다
그래도 남아 있는 골목길
파도소리 듣던
버들포아이들 발자국소리
파도울음처럼 들려온다
골목길엔
푸른 날의 그리운
내가 있다

— 「골목길」 전문

윤혜진에게 고향은 '세라복 차려 입은 물결무늬'로 다가온다. 열 몇 살 무렵의 아름다운 눈에 비친 고향은 '개구쟁이들 발자국소리' 며 '국화꽃 피우는 향기로 바' 쁜 곳이다. 밤 낮 들리던 파도소리를 들으며 '푸른 날' 을 보냈다.

이처럼 적극적으로 떠올리는 고향의 모습은 윤혜진 시인에게 시의 자산이 되어 핀다. 윤혜진의 시적 대상은 경험의 대상이거나 현실에서 보는 시각적 대상을 주로 삼고 있다. 그러나 그것을 새롭게 해석하려는 노력이 대상을 낯설게 한다. 그 간절함이 시에 투영된다.

칠순노인 댁에서는
둥둥 닷새 안동포로
수의를 듬성듬성 땀질해간다
둘째 오빠를 닮았다는 아버지
아이는 눈발 시린 초분에 청솔가지를 꽂았다
혈육의 흔적마저 보지 못하고
그해가 가기 전
십일월 이십칠일
이장을 서둘러야 했다

아버지 그리고 나는
한 세상
상사화 숲을 걷고 있다

—「윤달, 그해가 가기 전에」 전문

삶은 때로 서로가 서로를 보지 못하는 사이 이승에 와서 저승으로 간다. 그런 안타까움을 '혈육의 흔적마저 보지 못하' 는 심정을 토로한다. '아버지 그리고 나는/한 세상/상사화 숲을 걷' 는다. 서로가 만날 수 없는 운명을 상사화에 비유하는 기법으로 아픔을 달랜다.

이슬촌 윤혜진 시집

초판발행 | 2011년 5월 31일
저　　자 | 윤혜진

발 행 인 | 최장락
발 행 처 | 도서출판 두손컴(등록번호 제329-1997-13호)
부산광역시 부산진구 부전2동 526-12 삼성B/D 301호
대표 : (051)805-8002 / 팩스 : (051)805-8045
전자우편 : doosoncomm@hanmail.net

ISBN 978-89-97083-00-8-03810
값 8,000원

* 잘못 만들어진 책은 바꾸어 드립니다.